La Familia Geométrica
El Niño Cuadrado va a la Escuela

Rosa Munguía

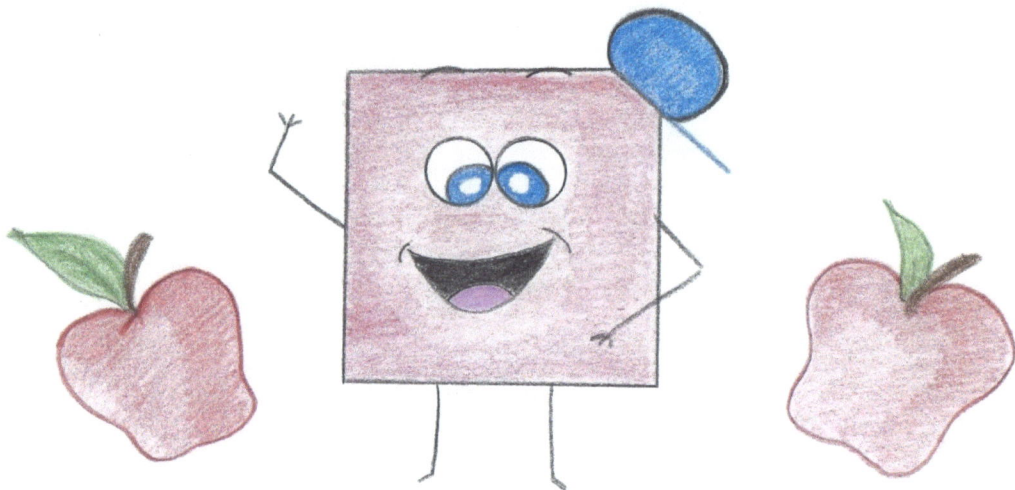

Ilustrado por: Beatriz Rubí &
Illustrated by: Rocio Ramírez

The Geometric Family
Square Boy Goes to School

Para mi hija Mariela mi inspiración.

To my daughter Mariela my inspiration

Agradecimientos

Quiero agradecer a todas las personas que hicieron este sueño posible. Primero a mi familia que siempre me ha animado a hacer todo lo que me proponía, a mi hija que fue mi inspiración desde que estaba en mi vientre y mi esposo que siempre ha creído en mí. A mi amiga Beatriz Rubí y Rocio Ramírez que hicieron las ilustraciones y tuvieron la paciencia y la creatividad de cada detalle; a la Sra. Ligia Duarte y Erica Pereira que me ayudaron con la edición y mejoras en español e inglés.

Acknowledgments

I want to thank everyone who made this dream possible. First my family who has always encouraged me to do everything I intended. To my daughter who has been my inspiration since she was in my belly and my husband who has always believed in me. My friend Beatriz Rubí and Rocio Ramirez who did the illustrations and had the patience and creativity of every detail; to Ms. Ligia Duarte and Erica Pereira who helped with the editing and improvements in Spanish and English.

Había una vez, en Ciudad Figuras, una gran familia, la familia Geométrica. La familia Geométrica vivía en una casa con muchas formas y colores.

Actividad: ¿Cuantas figuras geométricas puedes encontrar?

Once upon a time, in Shape City, lived a large family, the Geometric family. Geometric family lived in a house with many shapes and colors.

Activity: How many geometric figures can you find?

La familia Geométrica era muy numerosa, estaba formada por: Mamá Triángulo, Papá Rombo, Niño Cuadrado, Niña Rectángulo, el Bebé Círculo, la Bebé Óvalo y el Tío Estrella.

The Geometric Family had numerous members, it consisted of: Triangle Mom, Rhombus Dad, Square Boy, Rectangle Girl, Circle Baby Boy, Oval Baby Girl and Uncle Star.

Este día era muy especial, porque el Niño Cuadrado iba a ir a la escuela por primera vez. ¡Todos estaban muy contentos! Pero Mamá Triángulo sabía que el Niño Cuadrado estaba preocupado. Mamá Triángulo le pregunto: ¿Hijo Qué te pasa? Mamá, contestó el Niño Cuadrado, estoy muy asustado, no quiero ir a la escuela. Es que tengo miedo que se rían de mí por ser diferente.

This day was very special, because Square Boy was going to school for the first time. Everyone was very happy! But Triangle Mom knew that Square Boy was worried. Triangle Mom asked him: What is the matter son? Mama, answered Square Boy, I am so scared, I do not want to go to school. I am frightened kids will laugh at me for being different.

El Niño Cuadrado le dijo a Mamá Triángulo: Es que quisiera ser diferente, quisiera ser como tú, mamá: Tu eres una hermosa triángulo, tienes tres lados iguales y eres de color verde como los árboles y las montañas.

Actividad: Encuentra dos cosas que tengan forma triangular.

Square Boy told Triangle Mom: I would like to be different, I would like to be like you mom: You are a beautiful triangle, you have three equal sides and you are green like the trees and mountains.

Activity: Find two things that have triangular form.

¡Quisiera ser como Papá! Él es un rombo y las personas le dicen diamante, porque su forma es igual a la de un diamante, que es una piedra preciosa; además es de color azul como el mar y el cielo.

Actividad: Dibuja dos cosas que sean de color azul.

I want to be like Dad! He is a rhombus and people call him diamond, because its shape is the same as a diamond that is a precious stone; He is also blue, the same color as the sea and sky.

Activity: Draw two things that are blue.

¡Quisiera ser como el Tío Estrella, que tiene cinco puntas! Es muy divertido y a todo el mundo encanta con su gracia y su color amarillo como el sol y la luna.

Actividad: Haz un dibujo del día y la noche.

I want to be like Uncle Star, who has five sides! He is fun and he charms everyone with his grace and his yellow color like the sun and moon.

Activity: Make a drawing of day and night

¡Quisiera ser como mi hermana Niña Rectángulo! Se parece a mí solo que es más larga y es muy bonita. Tiene dos lados iguales y es anaranjada como los ladrillos de las casas y las naranjas. ¡Deliciosas!

Actividad: ¿Qué puedes construir con ladrillos?

I want to be like my sister Rectangle Girl! She looks like me only that she is larger and very pretty. She has two equal sides, and she is orange like the bricks of the houses and oranges. Yummy!

Activity: What can you built with bricks?

¡Quisiera ser como la Bebé Óvalo que es de la forma de un huevo y del planeta tierra! Además tiene un lindo color rosado como las flores y los corazones.

Actividad: ¿Cuál es tu color favorito?

I want to be like Oval Baby Girl, her shape is like an egg and planet earth! She also has a cute pink color like flowers and hearts.

Activity: What is your favorite color?

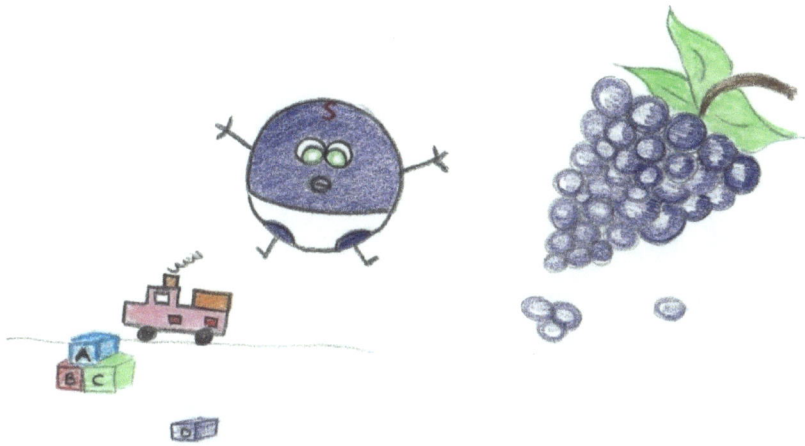

Quisiera ser como el Bebé Círculo, que es redondo y su forma no tiene ni principio ni fin. Además es de color morado como las uvas.

Actividad: Encuentra dos cosas redondas.

I want to be like Circle Baby Boy, which is round and his shape has no beginning and no end! He is also purple like grapes.

Activity: Find two round things.

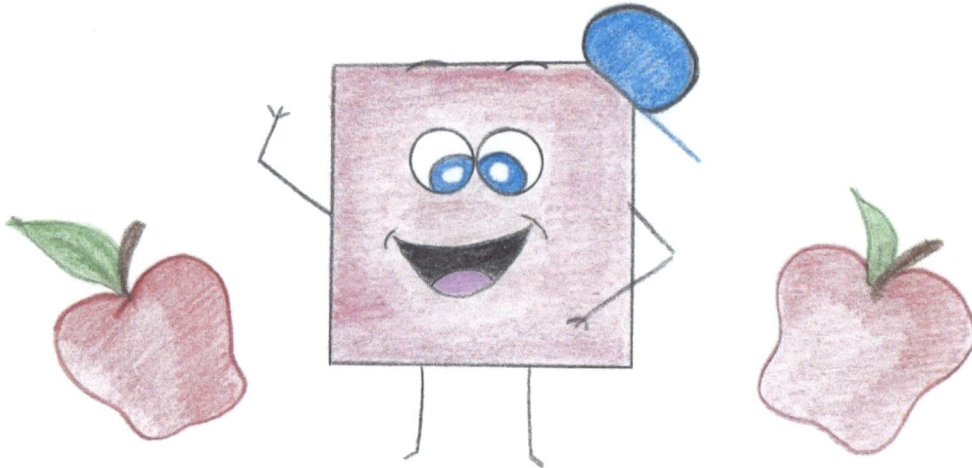

Entonces Mamá Triángulo le dijo: ¡Pero tú eres un hermoso cuadrado! Tienes cuatro lados iguales, y tu forma es similar a la de tu Papá Rombo y tu Hermana Niña Rectángulo. Además tu color rojo también es muy bonito, como las manzanas. No tienes que ser igual a otros para que las personas te quieran. Todos somos diferentes y eso nos hace especiales.

Actividad: Dibuja dos cosas de forma cuadrada.

Then Triangle Mom told him: But you are a beautiful square! You have four equal sides, and your form is similar to Rhombus Dad and your Sister Rectangle Girl. Besides, your red color is also very nice, like apples. You do not have to be equal to others so people like you. Everyone is different and that makes us special.

Activity: Draw two square things.

¡Gracias mamá! Ya entendí: todos tienen sus cualidades, pero son diferentes. Que yo sea diferente, hace que sea especial y que tenga muchas cualidades ¡Te quiero mucho mamá! Adiós, me voy a la escuela.

Thanks mom! I get it: they all have their qualities, but everyone is different. Being different, makes me special and makes me have many qualities. I love you mom! Goodbye I am going to School.

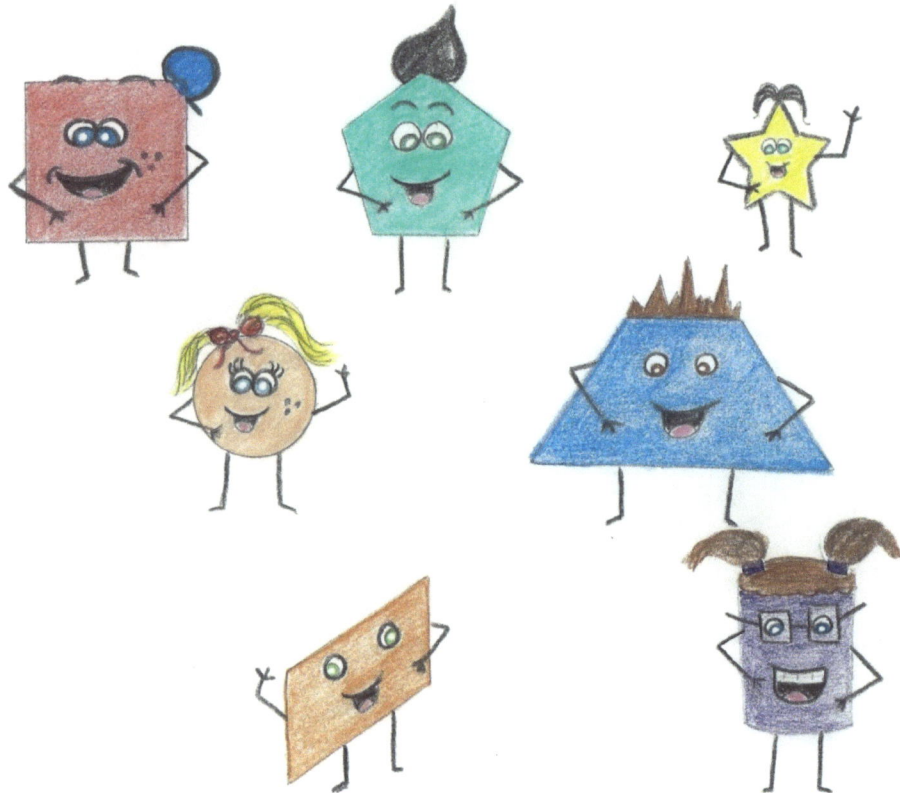

Cuando el Niño Cuadrado llegó a la escuela, vió que todos los niños y niñas eran diferentes. Habían cuadrados de todos los colores como él, también habían cilindros, trapecios, pentágonos y hasta paralelogramos.

When Square Boy came to school, he saw that all kids were different. There were squares of all colors like him, also cylinders, trapezoids, pentagons and even parallelograms.

El Niño Cuadrado estaba muy feliz, porque entendió que el mundo y Ciudad Figuras estaban llenos de muchas formas y colores, pero todos aunque diferentes, eran iguales y especiales como él.

Fin

Square Boy was very happy, because he understood that the world and Shape City were full of many shapes and colors, but all though different, equal, and special like him.

The End

Acerca de la autora

Rosa I. Munguia, nativa de Honduras, Centro América. Ingeniera industrial. Tiene 10 años de estar laborando en la educación bilingüe, muchos de estos años en Honduras y más recientemente en Estados Unidos con los alumnos de pre escolar, lo que la inspiró a hacer libros educativos con imágenes llamativas que mezclan las matemáticas y otros conceptos básicos, para ayudar a los niños a aprender de manera divertida.

About the Author

Rosa I. Munguia, native of Honduras, Central America. Industrial Engineer. She has been working for 10 years in bilingual education, many of these years in Honduras and more recently in the United States with the preschool students, which inspired her to make educational book with appealing images that mix mathematics and other basic concepts, to help children learn in a funny way.

www.ingramcontent.com/pod-product-compliance
Lightning Source LLC
Chambersburg PA
CBHW041244040426
42445CB00004B/137